AF155028

Richard Genée, Bruno Zappert

Die Jagd nach dem Glück

Operette in drei Acten mit einem Vorspiel

Richard Genée, Bruno Zappert

Die Jagd nach dem Glück
Operette in drei Acten mit einem Vorspiel

ISBN/EAN: 9783742898746

Hergestellt in Europa, USA, Kanada, Australien, Japan

Cover: Foto ©Thomas Meinert / pixelio.de

Manufactured and distributed by brebook publishing software
(www.brebook.com)

Richard Genée, Bruno Zappert

Die Jagd nach dem Glück

Die
Jagd nach dem Glück.

Operette in drei Acten
mit einem Vorspiel von

Richard Genée und Bruno Zappert.

MUSIK
von

FRANZ von SUPPÉ.

Clavierauszug mit Text von Rudolf Raimann. ... Pr. Mk 12 netto.

Clavierauszug ohne Text. Pr. Mk 4,50 netto.

Eigenthum des Verlegers

Alle Vervielfältigungs-Arrangements & Aufführungsrechte vorbehalten

Verlag von Aug. Cranz in Hamburg

Wien, C.A. Spina (Alwin Cranz) Brüssel A. Cranz

Déposé.

Inhalt:

Vorspiel.

Act 1.

Act 2.

Act 3.

C. 27880.

Preludio.

FRANZ von SUPPÉ.

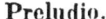

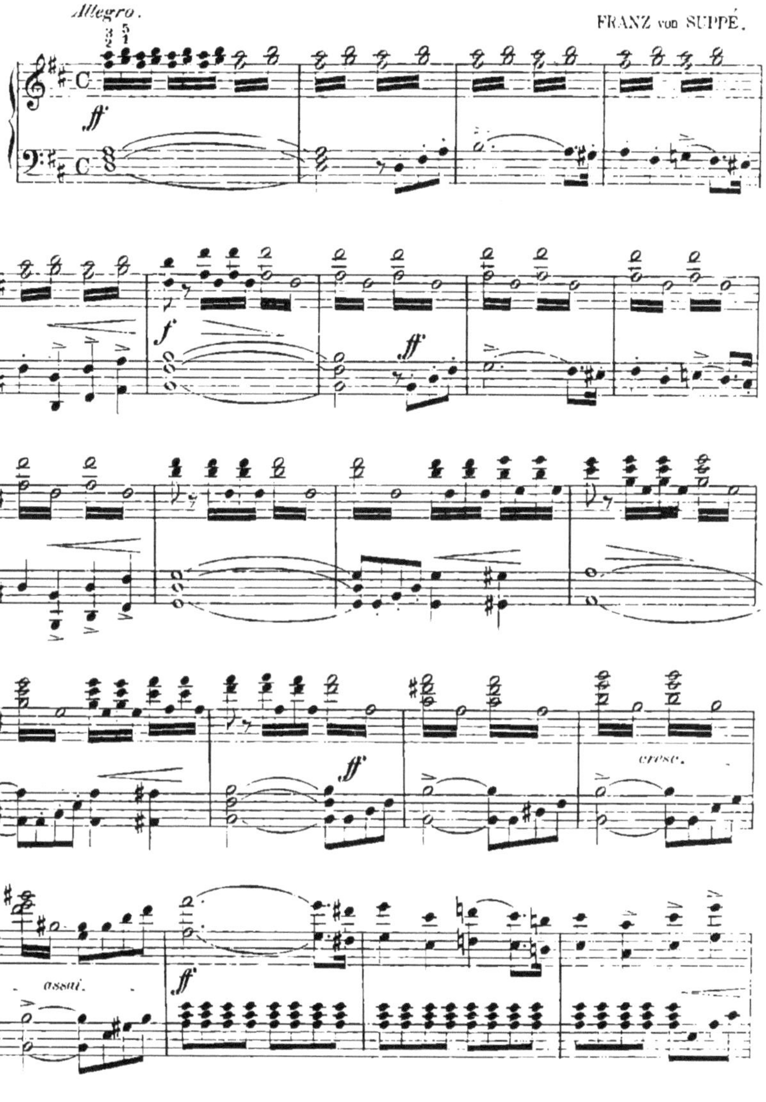

1036861
M357

C. 27880.

4

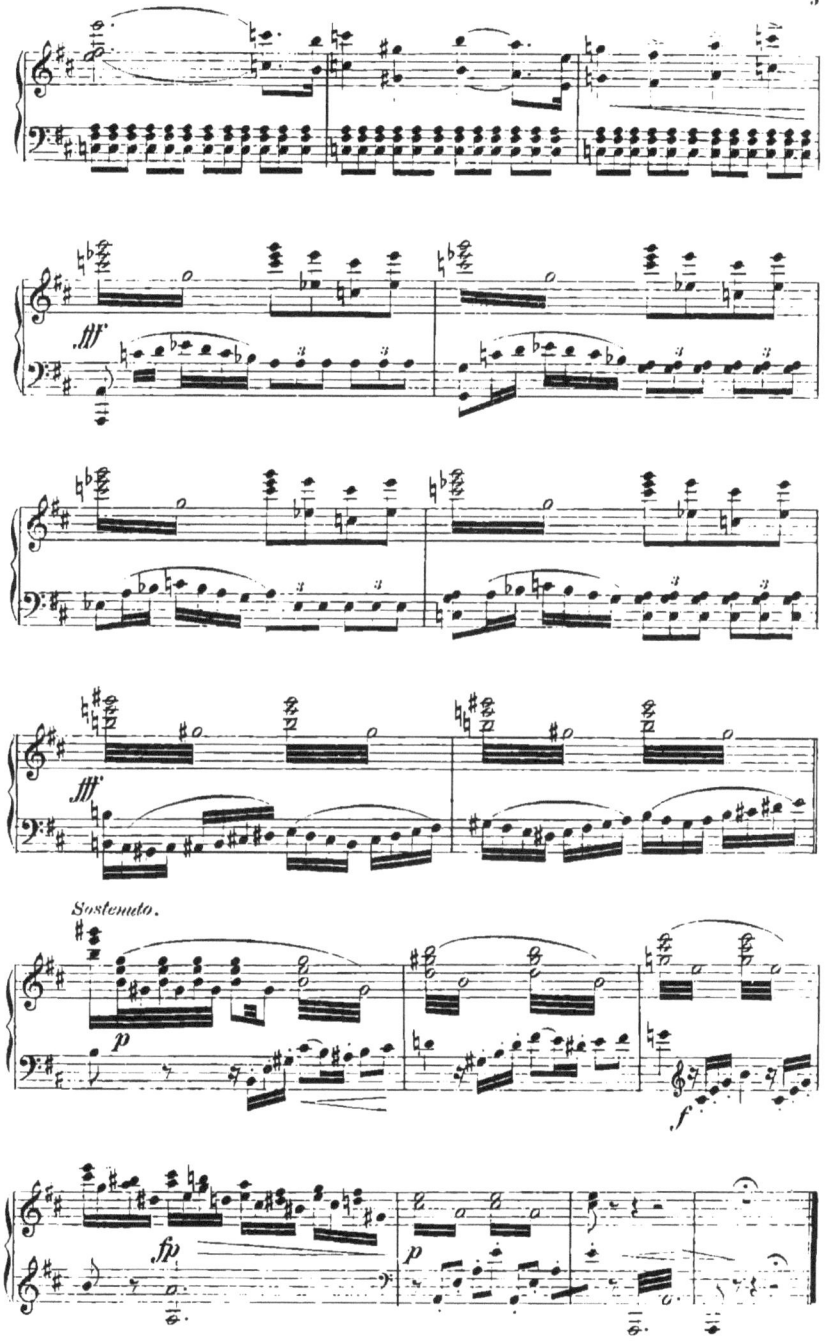

VORSPIEL.

№ 1. Introduction und Auftrittslied.

la — — la ra la — — ein treu — dig Hur —

rah! Ein Vi — vat erdröh — ne, ein Vi — vat Hoch ein froh Hur —

rah! —

FANNY.

Lei — ser, lei — ser schreit nicht wie be — sessen, gar so

Moderato.

F. toll!

Für Euch, ich

Komm näher!

Erzähler zähl was gibt es

'S ist Fanny,

Ihr kommt vom Schlosse herso eben

F. den-ke, wär's besser in der Schenke, dort könnet Ihr beim Wein nach Herzenslust Euch

da? Re-de! Wie_ so?

Re-de! Wie_ so?

F. freu'n! Weiss schon, weiss schon, weiss schon,

Ja wist Ihr nicht was hier man spricht, ein Hochzeitsfest steht nah' in Sicht.

F. Lied er_he_bet jeg_li_ches Ge_müth! Ich sing Euch's vor, und Ihr singt nach und dann ins Wirths_

F. haus!

Und dann ins Wirthshaus!

Ländler etwas schwerfällig.

stentando. *a tempo.*

1. Mä_del kaum vier_zehn Jahr, weiss schon, dass
2. Kaum ein Jahr spä_ter dann, hat's nicht al_
3. We_nig Jahr spä_ter blos, wächst die Fa_

F.

Zwei ein Paar la uli, uli la la ra la la ra la la ra Kommt in die
lein den Mann la uli, uli la la ra la la ra la la ra S'ist schon ein
mi_lie gross la uli, uli la la ra la la ra la la ra Wenn es sein

F.

Näh' ihr dann ein fescher jun-ger Mann la uli uli la uli uli heisst sie gleich an!
Klei-nes da, das schreit Pa-pa, Ma-ma la uli uli la uli uli liegt ja so nah'!
muss und soll, ist bald das Dut-zend voll la uli uli la uli uli lu-stig und toll!

pp

F.

Uli uli uli uli uli-e uli uli uli uli uli-e la la la ra la la la ra la la la

F.

uli uli uli uli uli-e uli uli uli uli uli-e la ___ la la juch la ra la!

uli uli uli uli uli-e uli uli uli uli uli-e la ___ la la juch la ra la!

la la la la la ra la la ra la la ra la la la la la ra juch la ra la!

la la la la ra la la ra la la ra la la la la la ra juch la ra la!

f *ff*

uli uli uli uli uli_e la _____ la la juch la ra la! Ju

uli uli uli uli uli_e la _____ la la juch la ra la! Ju

la la ra la la ra la la la la la la la la la la!

la la ra la la ra la la la la la la la la la la!

che! Ju_che! Ju_che!

che! Ju_che! Ju_che!

Andante. con molto espressione.

fp

3
tr
STELLA.
Mor-gen mein Hochzeits - tag, was der wohl bringen mag? Darf ich den Bildern
S.
trau'n froh in die Zukunft schau'n? Wird nur ein glücklich Loos? Was Alles nur Täuschung
S.
blos? Wünsch' ich nicht einst zu - rück, der Kind-heit bescheid'nes Glück?

S. 1. Mit der Myrthenkro.ne in dem Haar schrei.te lä.chelnd ich zum Trau.al.tar,
2. Kaum ist in der Kirch'die Trau.ung aus geht es gleich zum hei.tern Hochzeitsschmaus,

pp

S. wenn im In.nern ich's auch kaum ver.mag zu ber.gen, mei.nes Her.zens
und da fol.gen Re.den viel und lang, bei Vi.vat hoch und Glä.ser.

S. Schlag! Und rings um mich die Men.ge, sich schaaret im Ge.drän.ge, man zeigt nach mir, man
klang! Dann tanzt man in der Run.de gar man.che lan.ge Stun.de, bis end.lich ziemlich

S. schaut, o seht da ist die Braut! D'rauf hält der würd'.ge Pfar.rer 'ne Re.de oh.ne
spät, von dan.nen Al.les geht! Nun werd' ich u.ber.schüt.tet mit Wünschen lie.be.

p

№2. Duett.

Allegro giusto.

CASIMIR.

Mit Jä_ger, so wie wir, da kann das Wild spa_zie_ren ge_hen! O pfui, die Schand, Gott

sei's ge_klagt, wir wer_den aus_ge_lacht. Voll Schwermuth in Ge_danken stehn, nichts hö_ren und nichts

RUDOLF.

Wenn ich den_ke, dass schon

se_hen der Teu_fel mag da jagen gehn kein Schuss wird so ge_macht! Nichts ge _

C. 27880.

R. so hör'!

C. nie, da rin bin ich ein Ge - nie! Al - so sprechen Sie nur aus, woran fehlt es, freihe-

R. Fort in die Welt möcht' ich auf A - ben-theuer zie - hen!

C. aus! Die I. dee wär gar nicht

R. Nur wo ich frei bin, kann Be - frie - digung mir blü - hen.

C. schlecht. Die - ses wär' nur auch ganz

R. Hab' ich ver-sucht, erprobt, was das Leben kann ge - wäh - ren,

C. recht! Bei mir ging das nicht so schnell, erst im Kopf müsst's werden

№ 3. Sextett und Lied.

Dein denk' ich fer - ne, kehr' wie - der ger - ne! Füh - ret einst das Schicksal
Hab' dich er - ko - ren, weh, nun ver - lo - ren! Den - ke an das blau - e

mich zurück erblüht dann neu - es Glück!
Blü - melein, das liebend har - ret dein!

STELLA.
Das Schicksal treibt sie fort vom stil - len Wal - de dort, vor - bei an

FANNY.
Schei - den mei - de

RUDOLF.
Das Schicksal treibt sie fort vom stil - len Wal - de dort, vor - bei an

CASIMIR.
Schei - den mei - den

GRAF.
Schei - den mei - den

TRACK.
Schei - den mei - den

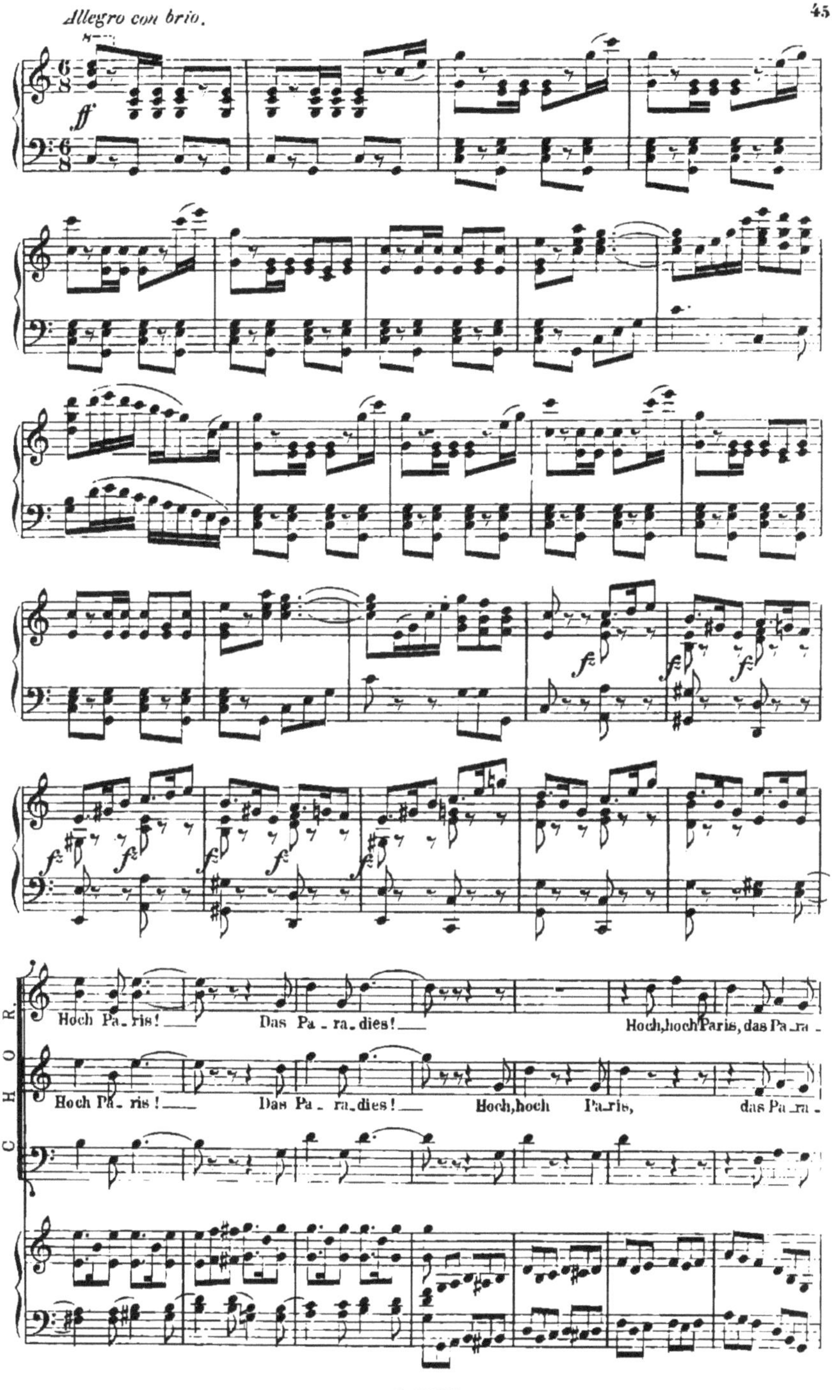
Allegro con brio.
ff
fz
CHOR.
Hoch Pa_ris! Das Pa_ra_dies! Hoch,hoch Paris, das Pa_ra_
Hoch Pa_ris! Das Pa_ra_dies! Hoch,hoch Pa_ris, das Pa_ra_

dies! _____ Hier rollt das Gold! Hier lacht nur Pracht! Hier wird nicht ge-

dies! _____

klagt, hier wird nur ge_lacht, ha ha _____ hier wird nur ge_lacht, nur gelacht! Der Blick bringt

Glück, der Kuss Ge_nuss! Erst weil es schon tagt wird Ende gemacht, weil's tagt, wird Ende ge -

L'istesso tempo.

macht! Hoch Pa _ ris, die Stadt fro _ her Lust, freu_dig hebt sich hier die Brust, freu_dig

hebt sich hier die Brust, hoch, hoch Pa_ris, hoch, hoch Pa_ris und der gan_zen Er_den_rund preist Pa_

ris aus Herzensgrund, preist Pa_ris, preist Pa _ ris aus Herzensgrund! Vol_le Taschen, vol_le

lacht, nur gelacht! Der Blick bringt Glück, der Kuss Ge _ nuss! Erst wenn es schon

tagt wird Ende gemacht, weiss tagt, _ wird Ende gemacht. Hoch, hoch ___ Pa. ris, ___ hoch, hoch Pa _

ris, das Pa _ ra _ dies! ___

Nº 5. Lied mit Chor.

FLORINE.

RUDOLF.

PIANO.

Allegretto non molto.

1. Nüt_zet die

2. Hal_tet das

F.
R.

Zeit wenn Ro_sen blü_hen, war_tet nicht bis sie ent_blät_tert sind in Sturm und
Gold nicht in den Ta_schen,lasst es rol_len, dass es bald ver_dop_pelt mö_ge

F.
R.

Wind! Küs_set so lang die Lip_pen glü_hen wenn ihr zagend säumt er_kal_ten sie nur zu ge_
sein! Spa_ret den Wein nicht in den Flaschen,lasst im Glas ihn per_len,schäumen,dafischlürft ihn

F.
R.

schwind.Sträubt das Lieb_chen sich und will ent _ rin_nen lasst sie nicht von hin_nen nützt den Augen_
ein! Wer das Geld aus vol_len Hän_den spen_det was er keck verschwendet, dem ist treu das

blick. Ob sie zürnend droht, darf Euch nicht schrecken, glaubt sie will nur ne-cken, keh-ret bald zu-
Glück! Al_les was das Le_ben kann ver-süs-sen säumt nicht zu ge-nies_sen, trot_zet dem Ge-

rück. Ver-stoh-len sagt ihr Schel-men-blick: Pro-birt, pro-birt nicht lang stu-
schick dann lacht Euch stets For-tu-nas Blick. Pro-birt, pro-birt nicht lang stu-

dirt, im-mer ging pro-bi-ren ü-ber das Stu-di-ren geschwind, ge-
dirt, im-mer ging pro-bi-ren ü-ber das Stu-di-ren geschwind, ge-

schwind, nicht lang be-sinnt, nur wer un-ver-zagt und mu-thig wagt ge-
schwind, nicht lang be-sinnt, nur wer un-ver-zagt und mu-thig wagt ge-

№ 6. Duett.

F. Appetit, höret Ihr gern' ein Lied? Wir sind vereinigt Heut', zu Euren

F. Dienst bereit, prüfet darum und wählt was Euch gefällt!

STELLA.
Mei - ne San - ges - kunst a _____ strebt nach Eu - rer
Gern sing' ich Euch vor a _____ sor - ge für das

FANNY.
Mein Gebäck, sag' ich keck wer es je gegessen lobt es sehr, meiner Ehr
Sie erfreut Euch das Herz, ich erfreu'den Magen das verjagt jeden Schmerz

S.
Gunst, a _____ hört mich freund - lich, hört mich freundlich an!
Ohr, a _____ hört d'rum mei - ne Lie - der freundlich an!

F.
kann's leicht mehr vergessen, weit berühmt wie sich's ziemt bie - te ich's Euch an!
wecket Wohlbe - ha - gen, solch' Gebäck sag' ich keck fin - det nirgend man!

C. G. Röder.

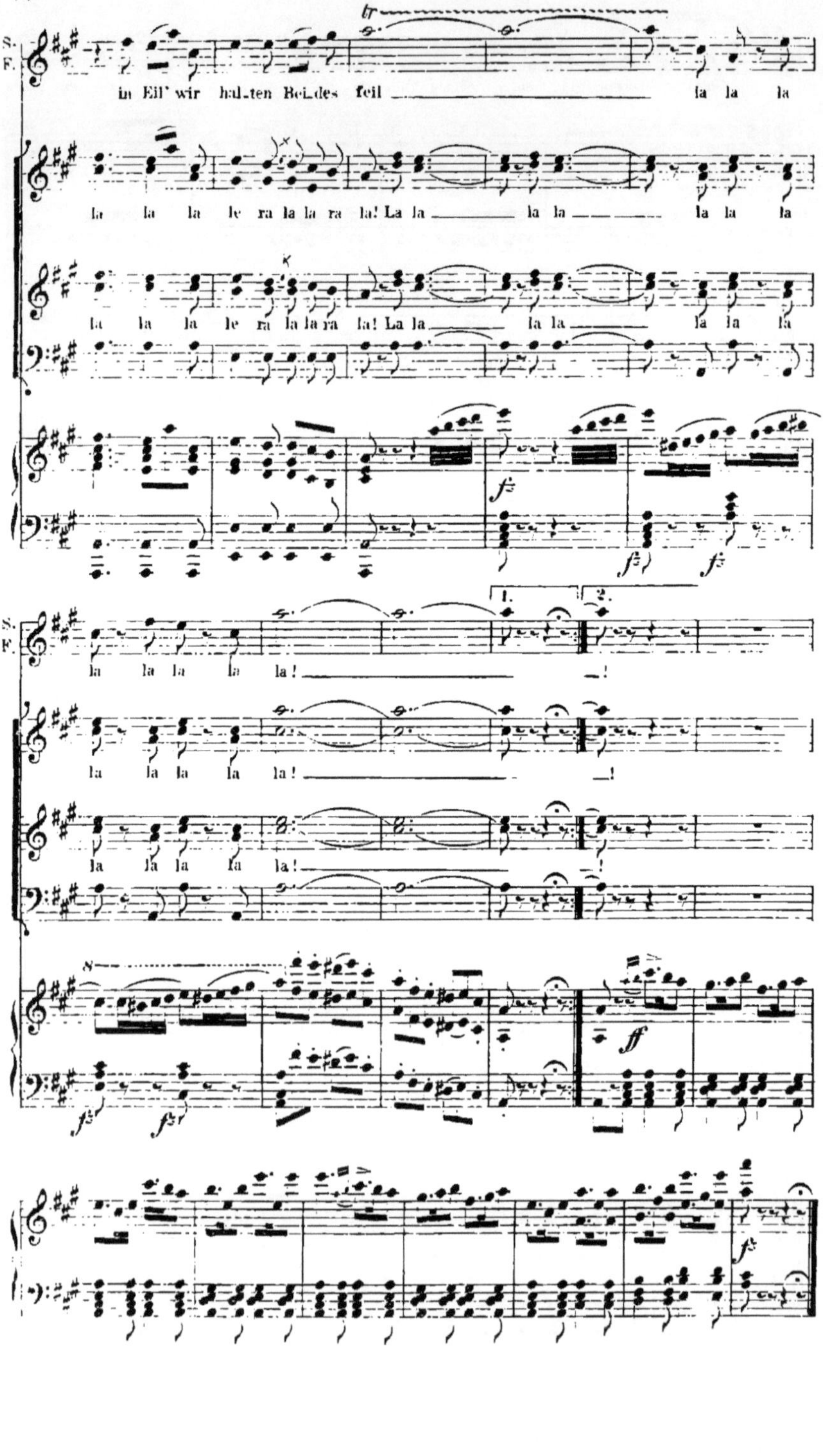

in Eil' wir hal-ten Bei-des feil _____ la la la

la la la le ra la la ra la! La la _____ la la _____ la la la

la la la le ra la la ra la! La la _____ la la _____ la la la

la la la la la! _____ !

la la la la la! _____ !

la la la la la! _____ !

Nº 7. Lied.

STELLA.

1. Wohl wusst ich zu sin-gen, zu
2. Der Wald ist ge-wiss nicht ver-

PIANO.

scher - zen, nur heut' kann ich fröh-lich nicht sein; heut'
schwun - den, er grü-net ja e-wig lich jung, doch

geht mir die Lust nicht von Her - zen, heut' denk' ich der Hei - mat
bleibt von den see-li-gen Stun - den, mir nichts als Er-in-ne-

mein! Dort blin-ket ein Schloss von der Hö - he her-
rung! Wohl konnt von der Hei-mat ich schei - den in

S.
-ab in da blu-mi-ge Thal, der grü-nen-de Wald in der
stür-men-der Wan-de-rer Lust, doch lö-schet der Tau-mel der

pp *p*

S.
Nä - he, da ruht ich wohl man-ches - mal! Ach dort war Frie-den
Freu - den ihr Bild nicht aus mei-ner Brust! Dort fand ich Frie-den

p *pp*

S.
dort war Glück, kehr' ich wohl je dort-hin zu-rück? } Ach dort war Frie - den
dort war Glück, kehr' ich wohl je dort-hin zu-rück?

RUDOLF (Bei der 2ten Strofe.)

R.
2. Dort fand ich Frie - den

p

S.
dort war Glück, kehr' ich wohl je dort-hin zu - rück!

R.
dort war Glück, kehr' ich wohl je dort-hin zu - rück!

pp

ROBERT. Sie ver_zei_hen wenn ich stö_re, gu_ten A_bend

PIANO.

R. hab' die Eh_re

CASIMIR. Die_ser Kerl scheint sehr ver_däch_tig und gar ein_sam ist der

C. Ort; d'rum aus der Gesellschaft möcht' ich schon so schnell als mög_lich fort!

BERTRAM. Sie er_lau_ben

R. ei_ne Fra_ge und ge_stat_ten wenn ich's wa_ge!

CASIMIR. Ha, da haben wir's, ein Zweiter tauchet schon vor mir empor. Oh_ne Zaudern muss ich weiter, denn nichts Gutes hat er

C. 27880.

Nº9. Finale I.

B. Stets blüht Euch Ge_winn, ob in der Schlacht, ob in der Lie_be!

B. Mädchengibt es ü_berall, tapf'rerKrieger hat dieWahl. D'rum her_bei

p

B. mu_thigkühn, folgt dem ed_len Trie_be! Hört weit und breit,

B. Wer_bung ist heut'. Wer nun ein Mann,ein Held will sein, der schla_ge sorg_los

R. Ein Patent mir? Geld gespendet? Wie vom Himmel, ist's gesendet! Nun wohlan, da schlag' ich

B. seh'n!

S. Tri - umpf!

F. Tri - umpf!

R. ein!

C. Tri - umpf!

Tri - umpf!

Allegretto non molto. FLORINE.

Pro-birt, pro - birt nicht lang stu -

F. Ich kann nichts als sehr be_dauern!

R. Mein Herz muss trauern — Lieb_los könnt ihr mich ver_

F. Müsst als Phi_lo_sof Euch fas_sen! Be_folgt doch Eu_ren Spruch: Pro_birt, pro_

R. lassen!

F. birt nicht lang stu_dirt. immer ging pro_bi_ren über das Stu_di_ren, geschwind, ge_

R. Mich ver_höhnen? Mich ver_lachen!

F. schwind, nicht lang stu_dirt nur wer un_ver_zagt es mu_thig wagt ge_

R. War_te nur, ich rä_che

C. 27850.

Allegro.

F. winnt!

R. mich!

Auf! Bringt Champagner entkorkt die Batte-

R. rie!

Fül_let die Glä_ser in lustger Harmo_

Champag_ner her, folgt dem Be_gehr!

R. nie! Das Gold es rol_le aus voller Hand und kei_ner grol_le, seid hübsch ga_

Füll_et sie! Seht das Gold wie es rollt, blin_kend rein

F. Ei, was seh' ich?

R. schafft! Per_lend schäume lo_be und tröste mich, süs_ se Träu_me

Trinkt, trinkt, singt, singt,

F. Er scheint glück_lich? Nicht ver_las_sen!

R. schaffe mir wonnig_lich feu_rig schlürf ich flüs_si_ge Glu_then ein hol_la_ho

frisch, froh, Wein.

und neu be-lebt. Lie-be sich hebt wär-mer als vor-dem die Son-ne dann scheint!

und neu be-lebt. Lie-be sich hebt wär-mer als vor-dem die Son-ne dann scheint!

und neu be-lebt. Lie-be sich hebt wär-mer als vor-dem die Son-ne dann scheint!

Soll sie wie-der ihn um-gar-nen?

Per-lend schäume la-be und trö-ste mich, süs-se Träu-me schaffe mir won-nig-lich,

Trinkt, trinkt singt singt

Allegro con fuoco accelle_

S. Mir al - lein darf er sein Herz nur weih'n!

F.
R. im Son _ nen _ schein, bild ich mir ein, ge _ liebt noch zu sein!

Her bei köst _ li _ ches Nass schlürft es ein!

_rato.

FLORINE.
En a _ vant!_ Al_lez, al_

RUDOLF.
En a _ vant!_

En a _ vant!_ Al_lez, al

F. lez voi - la!   Bei Wein und

R. Voi - la!   Bei Wein und

lez Voi - la!   Bei Wein und

Voi - la!

F. Tanz ist das Glück so nah'   Hopp, hopp,   hopp, hopp,

R. Tanz ist das Glück so nah'   Hopp, hopp,   hopp, hopp.

Tanz ist das Glück so nah'   Hopp, Hopp,   hopp, hopp.

ff

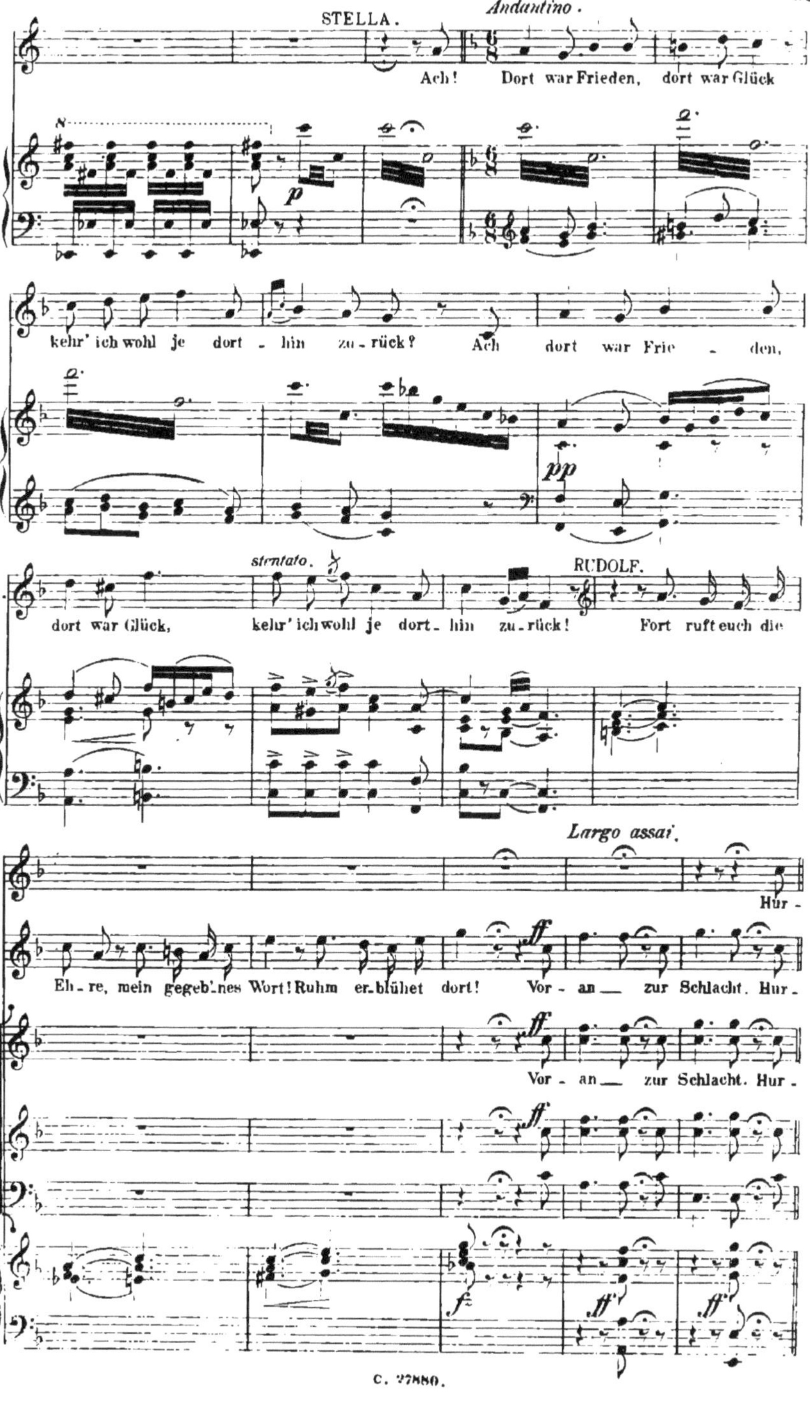
STELLA.
Andantino.
Ach! Dort war Frieden, dort war Glück
kehr' ich wohl je dort - hin zu - rück? Ach dort war Frie - den,
p
pp
stentato.
RUDOLF.
S.
dort war Glück, kehr' ich wohl je dort - hin zu - rück! Fort ruft euch die
Largo assai.
S.
Hur -
R.
Eh - re, mein gegeb'nes Wort! Ruhm er - blühet dort! Vor - an zur Schlacht. Hur -
ff
Vor - an zur Schlacht. Hur -
f

II. AKT.

N? 10. Chor und Lied.

Moderato marziale. *Alla breve.*

spiel und Wein und Weib, uns ge_hört als Zeit_ver_treib, als Zeit_ver.

treib, als Zeit_ver_treib, Wür_fel_spiel und Wein und Weib!

Sopr. I.

Sopr. II.

Kö_nig Karl heisst unser Held! Wenn er ruft, zieh'n wir in's Feld Er schafft

108

Recit. quasi in tempo giusto e moderato.

CASIMIR.

Ich koste Sup-pe, ich koste Suppe, da seht Ihr

C H O R.

He, Kame-rad! Was treibst du da?

fp

ja! Ei-ne Suppe von mir er - funden; glaub sie wird Euch vortrefflich munden dies A - ro - -

ma, zum zer-flies - sen!

Meine Suppe, meine

Uns're Fein - de soll'n's ge - nies - sen!

p

C. Suppe? Ha! Wie Öhl so rein!

Für Hunde? Für Hunde?

Ja wie Öhl es ist schon recht, selbst für Hunde noch zu schlecht!

C. Je nun!

Moderato.

Der Sol - da - ten Ma - gen kann gar viel ver - tra - gen,
Seht nur, wie die vie - len Au - gen nach mir schie - len,

C. was sonst ge - wöhn - lich der Mensch nicht ver - daut!
glän - zend von Fett wie von zärt - li - cher Lieb'.

Die - ses muss mich trö - sten,
Wie sie ko - ket - ti - ren

denn ich weiss am Be-sten, wie und wo-raus die-se Sup-pe ge-braut!
lo-cken und ver-füh-ren, wo ist der Ma-gen der kalt da-bei blieb!

Sind auch manche Stof-fe d'rin be-denk-lich immer-hin,
Noch ist nicht die Sup-pe gut, doch wird's durch Feu-er Gluth!

Be-denk-lich immer-hin!
Doch wird's durch Feu-er Gluth!

ich hab sie spe-ziel ent-deckt und sa-ge wenn's nur schmeckt!
Salz und Pfeffer mas-sen-haft, dann steigert sich die Kraft!

Er sagt ja wenn's nur schmeckt!
Dann stei-gert sich die Kraft.

C. rühren, Feu-er schü-ren, schü-ren, schü-ren, mun-ter, mun-ter, schlucks hin-un-ter, schluck's

rühren, Feu-er schü-ren, schü-ren, schü-ren, mun-ter, mun-ter, schlucks hin-un-ter, schluck's

rührt, schürt, schürt, schürt, mun-ter, mun-ter, schlucks hin-un-ter, schluck's

Più largo. *Allegro.*

C. da-von wird man fett und rund!

da-von wird man fett und rund!

Nº 10½. Abgang.

№ 11. Duett.

STELLA

PIANO.

Moderato.

ff *p*

S.

For - tu - na, Göt - tin, sei mir hold, schütt' aus dei - nem

p

S.

Füll - horn Gold! Mär - chenhaft, zauberhaft ist die Kraft, die der Glanz des

S.

Gol - des schafft, dann win - ken Freu - de und Ge - nuss auch der Lie - be

S.

süs - ser Kuss; Gold al - lein kann dem Sein Reiz ver - leih'n, durch Gold wird Al - les

p *p*

S. mein!

RUDOLF.

R. Junger Freund, nur gemach, ge-mach, Gold u. Reichthum bringen oft auch Sorg' und

S. Kann's nicht glau-ben, ich bild's mir ein, Glück lässt sich er-zwingen nur durch Gold al-

R. Pein! Hab's er-fah-ren musse dich wah-ren: Glück der Gol-des ist nur

S. lein! Er will vä-ter-lich mir ra-then, giebt mir Leh-ren voll Mo-

R. Schein! Nicht die Wahr-heit zu ver-ra-then, geb' ich Leh-ren voll Mo-

S. ral ihm bleibt kei-ne and're Wahl!

R. ral; sind auch anders mei-ne Tha-ten, mir bleibt kei-ne and're Wahl! Reichthum

Moderato.

Ruhm, der Ruhm, mein jun-ger Freund, von weit hö-hern Werth mir scheint;

märchenhaft, zauberhaft ist die Kraft, die der Drang nach Ruhm verschafft. Das

giebt Be-fried'gung, schafft Ge-nuss, mehr als süs-ser Lie-be Kuss!

Ruhm al-lein kann dem Sein Reiz ver-leih'n, mag dei-ne Lo-sung

122

C. 27880.

Nº 12. Lied.

1. Krie-ger so wie du und ich, vor Wei - ber kni - en? Lä - cher-
2. Fünf-zig sind's die ich be - trog,' die ich schon bei der Na - se

lich! Vor-wärts oh - ne Scho - nen, Ar - till'-rie rückt an, ras-selt mit Ka-
zog! Ach - te hies-sen Mi - zi zeh - ne A - del - gund, zwöl-fe Lo - ri,

no - nen, schies-set Bre - sche dann, piff, paff, piff, puff, piff, puff, paff,
Frit - zi, sieb-zehn Ku - ni - gund, dann Li - si, Re - si und Ma-

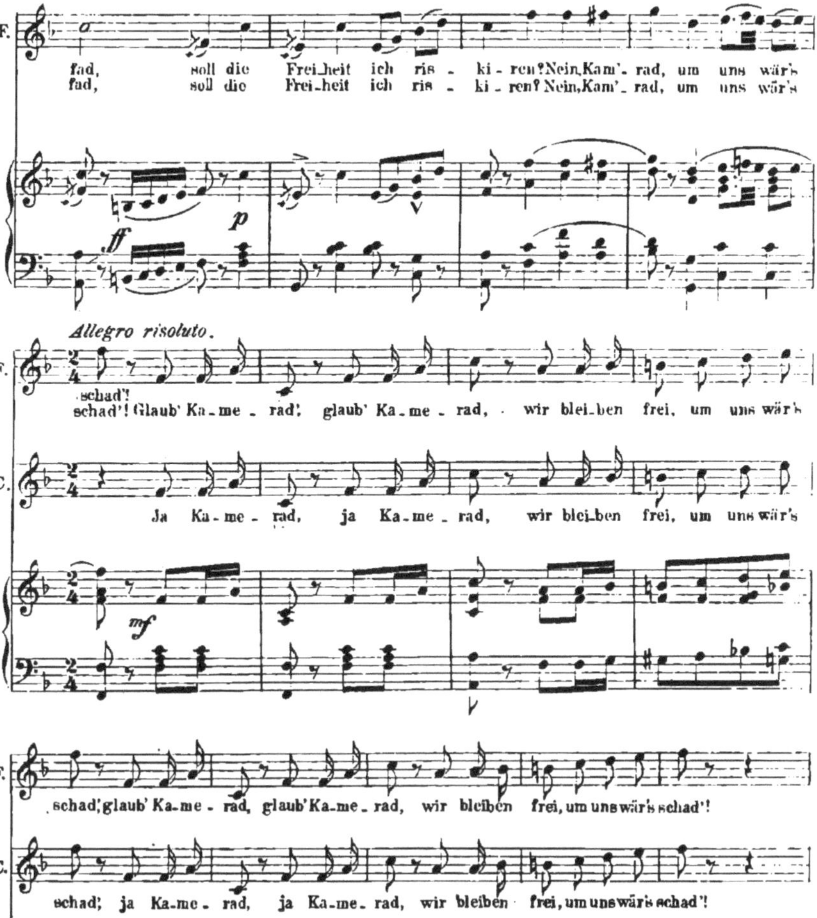
F.
fad, soll die Frei-heit ich ris - ki-ren? Nein, Kam'-rad, um uns wär's
fad, soll die Frei-heit ich ris - ki-ren? Nein, Kam'-rad, um uns wär's
p
ff
Allegro risoluto.
F.
schad'!
schad'! Glaub' Ka-me - rad', glaub' Ka-me - rad, wir blei-ben frei, um uns wär's
C.
Ja Ka-me - rad, ja Ka-me - rad, wir blei-ben frei, um uns wär's
mf
F.
schad', glaub' Ka-me - rad, glaub' Ka-me - rad, wir bleiben frei, um uns wär's schad'!
C.
schad', ja Ka-me - rad, ja Ka-me - rad, wir bleiben frei, um uns wär's schad'!
ff
ff

Nº 13. Romanze.

Andantino.

RUDOLF.

1. Muss
2. Oft

PIANO.

ppp

R.

e - wig ich dein ge - denken, kannst je du Ver - zeih'n mir schenken, dass
treibt mich's zu dir zu ei - len, und reu - ig das Loos zu thei - len, das

R.

ich so fern von dir ge - sucht das Glück? Stel - la,
Ich im Ü - ber - mu - the konnt' ver - schmäh'n! Stel - la,

pp

R.

Stel - la! Denkst du wohl auch an mich zu - rück? ⎫
Stel - la! Dein bleib' ich, was auch mag ge - scheh'n! ⎭ Dein Bild al -

p

R. lein nur in mir lebt,— mich wie ein Schutzgeist hier um-schwebt!

R. Die er-ste Lieb' stets im Her-zen blieb! Dein Bild al-

R. lein nur in mir lebt,— mich wie ein Schutzgeist hier um-schwebt!

R. Die er-ste Lieb' stets im Her-zen blieb! Stel-la, denkst du noch

cresc.

pp   *pp*

R. mein? ach denkst— noch mein!

pf

Nº 14. Ensemble und Lied.

Alla breve, pesante e molto marcato.

R.

Folgt mir tapf're Ka _ me _ ra _ den, wir voll _ brin _ gen Ruh _ mes _
Frisch nun der Ge _ fahr ent _ ge _ gen, pocht das Herz in ra _ schen

R.

tha _ ten! Jetzt heisst's Hel _ den _ ruhm er _ wer _ ben o _ der auf der Wahl _ statt
Schlä _ gen, bis der mächt' _ ge Feind be _ zwungen, bis der blut' _ ge Sieg er _

R.

ster _ ben! Oh _ ne Scho _ nung auf den Feind, wohl _ an, seht hoch die Fah _ nen
_ run _ gen. Bald er _ tö _ net fro _ her Ju _ bel _ sang, Vi _ cto _ ri _ a er _

R.

flie _ gen, durch die dich _ ten Rei _ hen brecht Euch Bahn, hur _ rah, wir müs _ sen sie _ gen! Vor _
klingt es: hel _ ler Ju _ bel braust die Reih'n ent _ lang, durch wei _ te Lan _ den dringt es, d'rum

Moderato assai, quasi ad libitum.

STELLA.

Doch kehrt dann heim_wärts der tapf'_re Lohn,

winkt dem Sol_da_ten noch bess'rer Lohn!

Allegretto molto delicato.

St. Ein lie_bend We_sen ist Je_dem be_kannt, das sei_ner harrt in fer_nem

F. Ein lie_bend We_sen ist Je_dem 'be_kannt, das sei_ner harrt in fer_nem

R. Ein lie_ben Wesen ist Je_dem be_kannt, das sei_ner har_ret in fer_nem

C. Ein lie_bend We_sen ist Je_dem be_kannt, das sei_ner harrt in fer_nem

K. Ein lie_bend We_sen ist Je_dem be_kannt, das sei_ner harrt in fer_nem

St. Land Ob es die Braut, ob die Mut_ter es sei; ein Herz schlägt dort ihm ent _

F. Land Ob es die Braut, ob die Mut_ter es sei; ein Herz schlägt dort ihm ent _

R. Land Ob es die Braut, ob die Mut_ter es sei; ein Herz schlägt dort ihm ent _

C. Land Ob es die Braut, ob die Mut_ter es sei; ein Herz schlägt dort ihm ent _

K. Land Ob es die Braut, ob die Mut_ter es sei; ein Herz schlägt dort ihm ent _

_p_

_pp_

St. ge_gen so treu und er weiss: Die_ses Herz, dem sein Den_ken ge_hört hof_fet auf

F. ge_gen so treu und er weiss: Die_ses Herz, dem sein Den_ken ge_hört hof_fet auf

R. ge_gen so treu und er weiss: Die_ses Herz, dem sein Den_ken ge_hört hof_fet auf

C. ge_gen so treu und er weiss: Die_ses Herz, dem sein Den_ken ge_hört hof_fet auf

K. ge_gen so treu und er weiss: Die_ses Herz, dem sein Den_ken ge_hört hof_fet auf

_p_

S. Dann tauscht man manch' Lie - bes - wort, man fragt: Hast Treu - e ge - hal - ten du

F. Dann tauscht man manch' Lie - bes - wort, man fragt: Hast Treu - e ge - hal - ten du

R. Dann tauscht man manch' Lie - bes - wort, man fragt: Hast Treu - e ge - hal - ten du

C. Dann tauscht man manch' Lie - bes - wort, man fragt: Hast Treu - e ge - hal - ten du

K. Dann tauscht man manch' Lie - bes - wort, man fragt: Hast Treu - e ge - hal - ten du

Das hat nach Leid und Schmerz Glück ge - bracht!

S. dort? O wie feu - rig wird da er - neut der Eid der Zärt - lich - keit!

F. dort? O wie feu - rig wird da er - neut der Eid der Zärt - lich - keit!

R. dort? O wie feu - rig wird da er - neut der Eid der Zärt - lich - keit!

C. dort? O wie feu - rig wird da er - neut der Eid der Zärt - lich - keit!

K. dort? O wie feu - rig wird da er - neut der Eid der Zärt - lich - keit!

Nº 15. Couplet.

1. Nach Gütern ja - gen und vie - les wa - gen, das ist des küh - nen Man - nes Pflicht; scheut nicht Ge - fah - ren in jun - gen Jah - ren, die blei - che Furcht, die kennt er nicht, doch fin - det er in fer - nem

2. Die Sprachen - fra - ge spielt heut - zu - ta - ge in manchem Staat 'ne gros - se Roll'! Der Ein - ge - bor' - ne ist der Ver - lor' - ne weiss nicht wie er sich zei - gen soll! Doch's schützet uns ein fe - stes

CASIMIR. *Recit.*

Mir scheint als ob die Affaire gut aus gegangen

Hur rah! Hur rah!

Hur rah! Hur rah!

C. 27880.

S. al - len Sei_ten uns winkt des Sie_gers Lohn, hur_rah, hur_ rah, des Sie_gers Lohn!

F. al _ len Sei_ten uns winkt des Sie_gers Lohn, hur_rah, hur_ rah, des Sie _gers Lohn! Wohl

R. al _ len Sei_ten uns winkt des Sie_gers Lohn, hur_rah, hur_ rah, des Sie_gers Lohn! Wohl

C. al - len Sei_ten uns winkt des Sie_gers Lohn, hur_rah, hur_ rah, des Sie _gers Lohn! Wohl

al _ len Sei_ten uns winkt des Sie_gers Lohn, hur_rah, hur _ rah, des Sie_ gers Lohn! Wohl

S. ward er schon er kämpft errungen, doch ist der mächt'ge Feind bezwungen vor unserm Schwert ent_

F. ward er schon er kämpft errungen, doch ist der mächt'ge Feind bezwungen vor unserm Schwert ent_

R. ward er schon er kämpft errungen, doch ist der mächt'ge Feind bezwungen vor unserm Schwert ent_

C. ward er schon er kämpft errungen, doch ist der mächt'ge Feind bezwungen vor unserm Schwert ent_

ward er schon er kämpft errungen, doch ist der mächt'ge Feind bezwungen vor unserm Schwert ent_

S. floh'n, hurrah, hur_rah, er ist entfloh'n! Die ta _ pfern Brüder hoch, die ta _ pfern Brüder

F. floh'n, hurrah, hur_rah, er ist entfloh'n! Die ta _ pfern Brü_der hoch, die ta _ pfern Brüder

R. floh'n, hurrah, hur_rah, er ist ent _ floh'n! Die ta _ pfern Brüder hoch, die ta _ pfern Brüder

C. floh'n, hurrah, hur_rah, er ist entfloh'n! Die ta _ pfern Brü_der hoch, die ta _ pfern Brüder

floh'n, hurrah, hur_rah, er ist ent _ floh'n! Die ta _ pfern Brü_der hoch, die ta _ pfern Brüder

_ff_

S. hoch, die wackern Kamera_den hoch, _____ ja hoch!

F. hoch, die wackern Kamera_den hoch, _____ ja hoch!

R. hoch, die wackern Kamera_den hoch, _____ ja hoch!

C. hoch, die wackern Kamera_den hoch, _____ ja hoch!

hoch, die wackern Kamera_den hoch, _____ ja hoch!

_ff_ _ff_

K. sonst habt Ihr Euch All' bemüht! Ein fau_ler Frie_de ist das End vom Lied! Der Feind, den wir besiegten

RUDOLF. *Recit.*

Was hör' ich? Das wär' uns'er

K. e_ben, und der rings um vor uns entfloh'n, dem wird der Platz jetzt ü_ber_geben!

fp

R. Lohn? Nein, nein, es ist un_möglich!

(liest)

K. Meiner Seel', s'ist lei_der so, hier der Be_fehl!

f *f* *fp*

Poco sostenuto. *Recit.*

R. Weh' uns! welch' Ge_schick! Ich

Der Kö_nig fiel, o welch' Ge_schick!

f *p*

Ende des zweiten Actes.

III. AKT.
№ 17. Chor und Gondoliera.

Sopr. I. II.

O la ho!

Uns're Gondeln steh'n be — rei — tet, Car — ne — val ist heut'

aus, da fährt Al — les so ger — ne hin — aus. Weit hin — aus,

weit hin — aus Un — be — lauscht dann flüstern die Pär — chen von der

Lie — be gol — de — nem Märchen. Süs — ses Wort lauscht man dort,

man — cher Blick schwimmt in Glück ja, ja sol — che

Maestoso.

S. grüss'Euch,lhrlu-sti-ge Schaar! Die Eu - re bin ich heut für

I.
II. Braut! In hei-te-rem Krei-se,lasst tönen die Wei-se!

S. wahr! Das mal ich in Tönen, das ist nur ein Spiel! Hört an! Wohl-

I.
II. Und was wir er-fahren, doch führt es zum Ziel. Doch wie? Sagt an!

quasi ad libitum.
S. an! Ich weiss da-von zu sin-gen, ein sin-ni-ges, in-ni-ges Lied, auch Euch soll es er-

S. klin-gen als Bei-spiel, wie's häu-fig ge-schieht. D'rum spitzt das Ohr

Molto moderato.
S. vom pic-co-lo Ni-co-lo sing'ich Euch vor! 1. Am

S. A_bend beim Mondschein im Vi_co_lo, lau're ich auf mei_nen Pic_co_lo,
ei_ne Ver_stand nur im Fre_go_la ist sie auch, das ist schon Re_go_la,

S. mei_nen schönen, lie_ben Ni_co_lo. Dort kommt er, schon hör' ich den Coc_co_lo.
stets ein Schalk, ei_ne Pe_te_go_la. Und naht ihr ein Al_ter ein A_vo_lo

I. **II.** Ni_co_lo!
Pe_go_la!

S. se_lie schons ein dunkeln Boc_co_lo, in der Hand trägt er ein Moc_co_lo. Er eilt zu mir in's
schickt sie ihm sofort zum Dia_vo_lo macht daraus sich nicht ein Ca_vo_lo. Ja, ja das ist schon

S. Vi_co_lo, was er mir sagt von di_co_lo. Vi_co_lo, Pic_co_lo
Re_go_la ob Schwärm'rin ob Pe_te_go_la Fre_go_lo. Pe_go_la

Allegretto.

S. que le Fe_li_ci_tà. La Gon_do_lie_ra lu gal mor bin, sempre ghe

C. 27880.

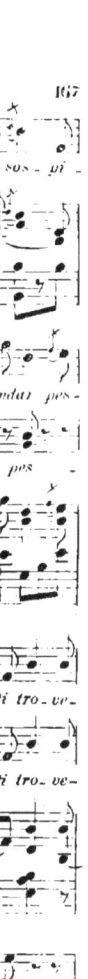

S. bat_te quel co_re_sin O_ra vol_ana undar pes_car, o_raquell'alt_ne sos_pi_

S. rar! Ah si! Ah si! O ra vol row undar pes-

I.
II. Le Gondo_lie_re le ga'l morbin sempr ghe bat_te quell co_re_sin pes-

S. car o_raquell'alt_ra sos_pi_rar! Vo_ga, vo_gasemprein la, che un zerbi_not_to ti tro_ve-

I.
II. a_mar! Vo_ga, vo_gasemprein la, che un zerbi_not_to ti tro_ve-

S. ra, vo_ga, vo_gasemprein la, che un zerbi_not_to ti tro_ve_ra!

I.
II. ra, vo_ga, vo_gasemprein la, che un zerbi_not_to ti tro_ve_ra!

S.

tr. tr. 2.Hat

Nº 17½ Abgang.

Sopran I.II.

l'ò - ga, vo - ga sempre in la, che un zerbi-

PIANO.

not - to ti tro - ve - rà! l'ò - ga, vo - ga sempre in la; che un zerbi-

not - to ti tro - ve - rà!

Nº 18. Duettino.

Maestoso alla breve, con grandezza.

PIANO.

PETRONELLA.

Um einen Gatten mir zu fin-den kam ich mit mei-nem Bru-der her.
Die I-talienische süs-se Spra-che hat zärt-li-ches Ge-fühl er-weckt.

CHRISTOVAL.

Sie möchte gern' sich e-wig bin-den, in Spanien fiel das et-was schwer!
Nur ein Malheur ist bei der Sa-che, du hast zu spät dein Herz ent-deckt!

P.

Hier in I-ta-lien wie ich glau-be, hält mir ein Mann so leicht nicht
Man hat im Len-ze mei-nes Le-bens,   manch'schweres O-pfer mir ge-

Ch.

Ja ganz recht!
Lan-ge her!

P.

Stand!
bracht!

Ch.

Gewiss! Dass sie 'ne ü-ber-rei-fe Traube, weiss man im gan-zen
So ist's! Doch jetzt ist Al-les rein ver-gebens, denn wir sind Bei-de

No 19. Serenade.

R. wirk _ lich ster _ ben seh'n?
trair, ein gross Mal _ heur?
Quä _ le doch nicht so mein Herz,

C. wirk _ lich ster _ ben seh'n?
trair, ein gross Mal _ heur?
Plong bu

R. denn es fühlt wie du den Schmerz!
Quä _ le doch nicht so mein

C. ding!
Wurl, wurl, wurl,wurl wum!

R. Herz, denn es fühlt wie du den Schmerz!

C. Plong bu-ding, plim, plam, Wurl, wurl, wurl,wurl wum! Wurl,wurl,

C. wurl, wurl, wum! Wurl,wurl, wurl,wurl, wum, plim plam plim plam plam!

Nº 20. Finale III.

Allegro con fuoco e con brio.

sempre più cresc.

Co_lom_bi_nen zart und fein, ko_kett erschei_nen sie, mit ver_lieb_ten Ne_ckerei'n bei

Au!

II. Sopran.

lustger Me_lo_die! Bald geht los die Prü_ge_lei bei Tan_zen, Springen, Joh_len.

Ha!

Bald geht los die Prü_ge_lei bei Tan_zen, Springen, Joh_len.

Höllisch klingt das Du_del_dei, es wird zum Teu_fel ho_len!

I. Sopr.

Da end_lich ruft zum

Höllisch klingt das Du_del_dei, es wird zum Teu_fel ho_len!

Gän_semarsch ein fester Trommel_schlag! Jetzt verlässt fast Je_dermann die Ca_val_china,

Ca_val_chi_na Fran_ca_nappa, Pan_talon die Mon_fe_ri_na Mon_fe_ri_na. Und zum lustigen

Wandern hängt sich Ei_ner an den Andern, wie be_sessen zieh'n die Massen immer_fort durch Plätz'n.

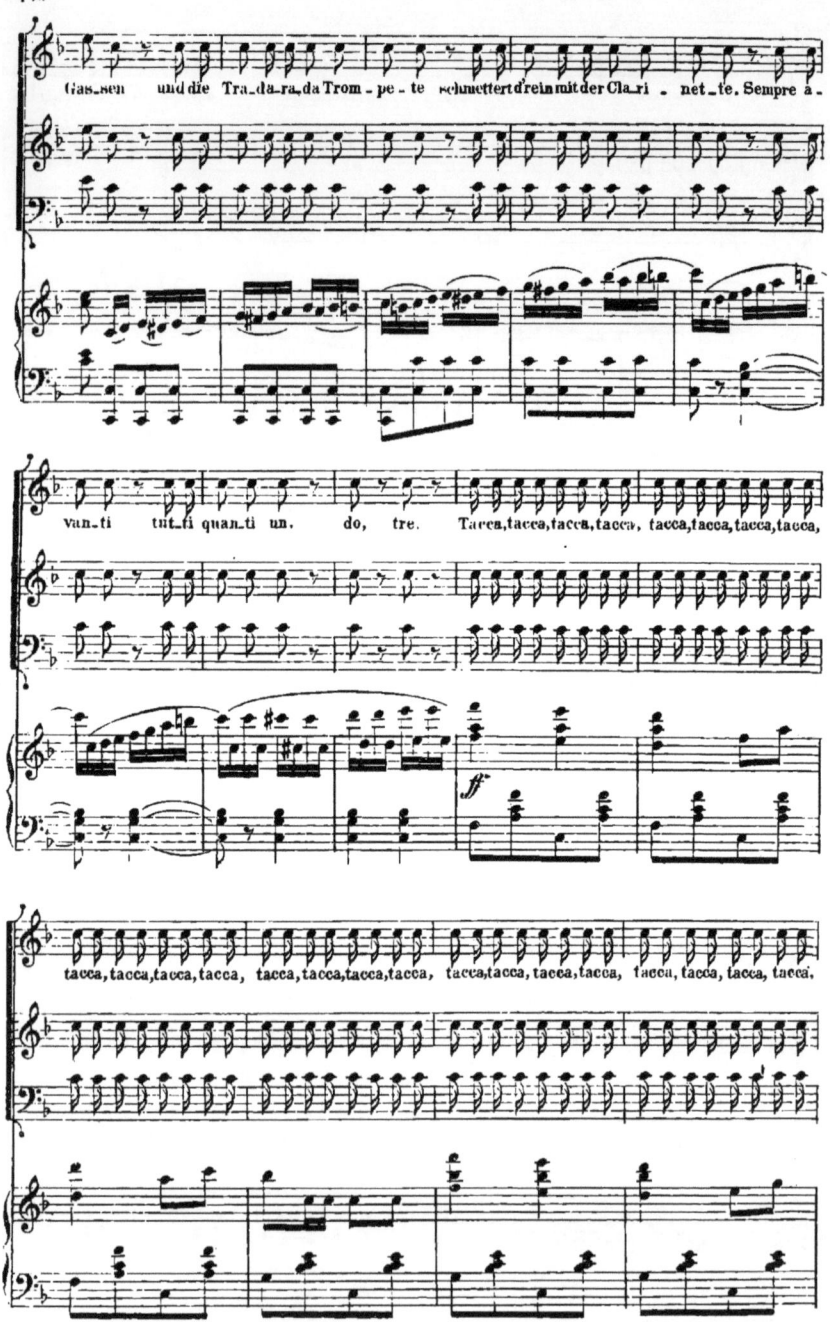

tacca,tacca,tacca, tacca, tacca,tacca, tacca,tacca, tacca,tacca,tacca,tacca, tacca,tacca,tacca,tacca,

tacca,tacca,tacca,tacca, tacca,tacca,tacca,tacca. Al - les schreit voll hel-ler Freud'in gran fe _ li _ ci _

ta! Trufaldin _ Brighellin, Archelin, Colombin, ur _ ra! _

Capel_lon, Polen_ton, Panta_lon, ur _ ra!

et _ to. Fra _ ca _ nappa und Bri _ ghel _ la rasen bei der Ta _ ran _ tel _ la. Hört die

tra _ da _ da _ ra Trom _ pe _ te und die gel _ lende Cla _ ri _ net _ te. Sempre a _ van _ ti, tut _ ti,

quanti, un, do, tre! Ra ra ra, ra _ ta _ ta ra _ ta _ bum, ta _ da _ ra _ ta.

Andantino con moto.

S. Ach, das Blüm_lein an des Ba_ches Rand, es blieb in Trau_er und

S. Leid. Nur ihr Den_ken gab in fer_nem Land der flücht'gen

R. Dieses Lied!

S. Wel_le Ge_leit. Du folgst dem Freiheitstraum und achtest mei_ner kaum, eilst kühn hin.

R. Die_se Stimme! Ist's Wahn_ ist's Traum nur?

S. aus in's Meer, da giebt's nicht Wie-der-kehr! (Dialog.) Hab' dich er-ko-ren,

R. Nein, nein,——— sie ist es! Hab' dich er-ko-ren,

pp

S. doch—nicht ver-lo-ren! Den-ke an das blau-e Blü-me-lein, das liebend

R. nie-mals ver-lo-ren! O Stel-la, o Stel-la,

S. har-ret dein!

R. har-ret dein!

ff   *fz*

fz